© 2021, ALI BENNEKROUF
Édition : BoD – Books on Demand,
12/14 rond-point des Champs-Élysées, 75008 Paris
Impression : BoD - Books on Demand, Norderstedt, Allemagne
ISBN: 9782322394418
Dépôt légal : Mars 2022

Tu as entre 30 et 40 ans, et tu te dis que tu te fais déjà vieux et que tu es épuisé par les "tracas" de ton quotidien ¿ Ton corps se carbure au café et la cigarette, et il fonctionne à la puissance d'une *"twingo"* ¿ ta vie se résume au : boulot / dodo / netflix ¿ .. et tu penses toujours que c'est de la faute des autres ¿ que tu es une malheureuse victime ¿ que la vie est injuste ¿ que tu n'a pas de chance ¿ tu es persuadé que tu n'a plus rien à offrir ¿ et tu te demandes pourquoi tu n'est pas comme les autres ¿ et comment ils font pour avoir cette motivation de changer et de devenir meilleur ¿ tu crois réellement que la motivation est la formule magique ¿

As-tu oublié mon très cher, que les braves, les gagnants, les lions, les "delta", les leaders, les aigles, ... n'ont pas besoin de motivation ¿ .. hein ¿! ... les gagnants n'ont besoin que d'une chose, d'une seule et unique chose .. >>> *LA DISCIPLINE* <<<

Ne pense jamais que tu n'es rien et que tu ne possèdes rien, car il y a mille façons d'être et de donner.

Tout passe par ton cœur, ton sourire, ton savoir, ta patience, ton temps, ton écoute, ta présence, ta joie et ton partage. Tu es bien plus riche que tu ne le crois. Beaucoup de gens payent pour ce que tu as naturellement à offrir. Ce n'est donc, ni une affaire de diplômes ni de richesse . chaque personne est importante, en commençant par toi.

Mais alors, c'est quoi la discipline ¿ comment être discipliné ¿ ça consiste à quoi ¿ ça sert à quoi ¿ ça rapporte quoi ¿ ça mène où ¿ ça fait quoi ¿

La discipline consiste à faire ce qui doit être fait parce que cela doit être fait, pas parce que j'en ai envie, pas parce que je suis motivé pour le faire.

Tu penses que *"Nelson Mandela"* était motivé pour passé 27 ans en prison ¿ franchement ¿ .. penses-tu que *"Martin Luther King"* était motivé pour marcher à travers les états unis et proclamé la liberté ¿

Tu sais ¿! Si tu regardes les gens qui changent le monde, ils ne le font pas parce qu'ils sont motivés, ils le font parce qu'ils se sont engagés à le faire et ils sont disciplinés pour le faire.

La discipline est bien plus importante que la motivation, c'est pourquoi tu dois faire attention aux décisions que tu prends, car une fois que tu as pris la décision, tu dois la mener à bien.

Maintenant, mon cher et mon bien aimé, voici l'un des éléments qui font des miracles : fais ce que tu peux, dès que tu peux, avec les moyens que tu as. Ne néglige pas ce que tu peux faire; si tu peux lire, lis. si tu peux changer, change. si tu peux grandir, grandis. Et si tu peux faire un pas, fais un pas. Mais fais-le aujourd'hui avant demain, en ne négligeons aucune petite action.

Ce que j'essaie de te dire par tout cela, c'est que tu dois comprendre que la discipline est une force créative des plus incroyables. La discipline construit une carrière, la discipline développe une bonne santé, la discipline forme le plus incroyable des mariages, la discipline crée une amitié qui ne s'arrêtera jamais, la discipline développe des compétences qui peuvent être magnifiées et toucher le monde.

Et tout cela donc, signifie aussi que la discipline est la porte ouverte au processus créatif pour transformer le rien en quelque chose et l'imagination en réalité. s'il n'y a pas de discipline, il n'y a pas d'avenir. La discipline est donc essentielle, c'est la base de toutes choses. C'est un mode de vie.

Je ne sais pas quels sont tes talents, je ne sais pas quelles sont tes compétences, mais voici ce sur quoi j'ai probablement raison, c'est que tu es en retard d'un effort vers ton plein développement.

Si je regarde ma propre vie actuelle, tu sais, j'aurais déjà dû écrire 10 livres, passé mon permis, changé d'appartement, me trouver une femme comme les gens normaux, pratiquer un sport, et la liste est bien longue .. Mais au lieu de ça, des livres, j'en ai écrit beaucoup moins. Et j'aurais dû même faire tellement de choses cette année, mais je ne les ai pas faites, j'ai été distrait, j'étais mou, J'avais la flemme et j'étais surtout occupé à ne pas faire grand chose.

Pourquoi je te raconte ma life ¿ .. c'est tout simple, c'est ma manière à moi de te dire : sois tout ce que tu peux être et ne laisse pas les habitudes te tirer vers le bas, ne laisse pas les choses, les gens, les futilités te détourner du plein développement de ce que tu as la capacité d'être.

La discipline et le pont entre l'inspiration et la réalisation, le pont entre la nécessité et la productivité. La discipline est comme un jeu de clés magique qui déverrouille toutes les portes de la richesse, du bonheur, de la sophistication, de la culture d'une haute estime de soi, de la fierté, de la joie, de l'accomplissement, de la satisfaction et du succès.

La première clé de la discipline est : *la prise de conscience* . Se remettre en question. Que dois-je faire ¿ que dois-je devenir ¿ suis-je heureux ¿ est ce que c'était ça, la vie que je voulais avoir ¿ est ce que je me sens à l'aise avec mon corps ¿ mon travail me plaît-il ¿

La deuxième clé est : *la volonté*. Pas de discipline sans volonté et sans détermination.

Et puis la dernière clé est : *l'engagement* à maîtriser les circonstances de ta vie quotidienne, à voir et à exploiter les opportunités. à faire quelque chose de solide.

La discipline attire les opportunités, et les opportunités sont toujours à la recherche d'ambition. la discipline c'est tout simplement avoir ce qu'on appelle "*la belle vie*" .. cette vie et cette hygiène de vie que tu as toujours envié chez les autres. Alors commence le nouveau processus pour changer et devenir encore meilleur que toutes ces petites personnes autour de toi.

Ils l'ont fait, ils ont fait des sacrifices, ils n'ont pas perdu leur temps pour avancer et déclencher ce changement en eux, ils t'ont même pas demander ton avis. Alors pourquoi t'attends ¿ .. pourquoi tu bugs ¿ pourquoi tu flippes ¿ pourquoi tu tardes tout à demain ¿ .. pourquoi tu fais qu'inventer des excuses et des murs la ou il n y a pas ¿ ... commence une nouvelle habitude, une bonne et meilleure même si elle est minime, la petite taille n'est pas importante. Ce qui compte vraiment mon cher, c'est la continuité sur cette ligne droite qui te mène vers l'avant, vers le haut de la pyramide.

Donc pour avoir une vie prospère, commence un plan de prospérité. Pour devenir riche, commence un plan de richesse. et encore une fois, n'oublie pas que tu n'as pas besoin d'être riche pour avoir un plan de richesse. La richesse ce n'est pas que l'argent, bien au contraire .. ça pourrait très bien être une richesse d'un corps fort et en bonne santé, d'une famille solidaire, des beaux enfants, une femme agréable et douce, un travail, une maison, un ami sincère, …. Si tu es malade commence un plan de santé. si tu n'es pas sportif, maigre ou fragile, pas de panique, tu n'es pas mort ni handicapé, commence alors sans attendre (et pourquoi attendre ¿) un plan de sport, de bien être et d'une bonne nutrition saine et bénéfique.

Pour finir, on sait tous que le début d'une vie meilleure, d'une vie heureuse, d'une vie riche, c'est toujours délicat et ça prend du temps et de l'énergie. mais pense au résultat que tu pourrais avoir à la fin de ce processus, à cette joie et à cette fierté d'avoir accompli sa mission et réussir son dilemme.

Commence ce nouveau voyage dès aujourd'hui même, oui .. oui .. dès aujourd'hui. La meilleure des méthodes est la plus radicale. Ne sois pas un trouillard, ne sois pas un fragile et un faible. tu peux faire tellement mieux, tellement plus.

Fais de cette journée un départ pour ta nouvelle vie. personne ne le fera à ta place, personne .. personne .. personne. Ta nouvelle vie dépend de ton nouveau toi. Tu es seul sur ce coup la. Alors ! .. prouve à toi-même que tu es capable, que tu es un lion, que tu es un aigle, un *BONHOMME* .

Nouvelle Chronique

¤
¤¤¤¤
¤¤¤¤¤¤¤
¤¤¤¤¤¤¤¤¤¤
¤¤¤¤¤¤¤¤¤¤¤¤¤
¤¤¤¤¤¤¤¤¤¤¤¤¤¤¤¤
¤¤¤¤¤¤¤¤¤¤¤¤¤¤¤¤
¤¤¤¤¤¤¤¤¤¤¤¤¤
¤¤¤¤¤¤¤¤¤¤
¤¤¤¤¤¤¤
¤¤¤¤
¤

C'est l'heure .. c'est l'heure de te réveiller .. c'est l'heure de réveiller ton potentiel .. c'est l'heure pour changer ta vie. tu as rendez vous avec le succès .. c'est maintenant que ça se passe.

Sortir de ton lit c'est surmonter ton premier défi de la journée, Mais si tu te réveilles déprimé, démoralisé, rempli d'émotions négatives, comme si ce réveil-là était juste un malheureux accident, tu vas certainement mal commencer cette journée, et quand ça commence mal, ça se termine mal.

Un mauvais réveil Avec le mauvais état d'esprit, Va faire que tu penseras juste à appuyer sur le bouton répétition de ton réveil Pour continuer à dormir encore 5 minutes. 5 minutes qui vont se transformer en 10, 10 minutes qui vont se transformer en 30 ...

Quand tu ne veux pas te lever, c'est parce que tu écoutes ton ennemi intérieur. Le même ennemi intérieur Qui te dit que t'es incapable de changer ta vie, Que t'es faible, Que tu peux pas vivre tes rêves. C'est le même qui te dit, t'es pas du matin, t'es encore fatigué, t'as besoin de plus d'heures de sommeil, La nuit était trop courte.

En restant dans ton lit, tu te réveilleras plus tard avec un sentiment de culpabilité en te disant, j'aurais pu le faire, j'aurais pu me réveiller, j'aurais pas dû écouter cette maudite voix.

Des matins avec des pensées médiocres, génèrent des journées médiocres. Quand tu restes dans ton lit, y en a d'autres qui sont autant fatigué que toi, Mais eux ils ont eu le courage de se mettre debout pour vivre leur rêve .. pendant que toi tu rêves encore dans ton lit.

Il y a deux manières de vivre ta vie, l'une comme si rien n'était un miracle, l'autre comme si tout était un miracle. Chaque réveil est une merveille, parce que chaque matin est une nouvelle naissance, Une occasion pour toi d'être meilleur, être meilleur que tu ne l'étais hier. c'est un cadeau qui t'es offert, Tu dois saisir cette chance, Tu dois dire merci. Merci pour cette opportunité, Merci pour cette chance, Merci de me donner la possibilité d'être toujours en vie, Merci pour tout ce que j'ai.

Quel message t'envoie à l'univers Quand tu restes dans ton lit ¿ c'est comme si tu lui disais, Je ne veux pas combattre, pas tout de suite, Je me battrais pour mes projets après, Quand je serai un peu plus en forme. Ou bien,... laissez-moi tranquille, j'en ai strictement rien à faire de cette vie, je n'aime pas ma vie et j'emmerde le monde.

Tout le monde se réveille avec la même fatigue, la même difficulté, Tu ne peux pas être un fainéant dés que ton âme revient à ton corps, Tu ne peux pas commencer ta journée sur une défaite, Tu ne peux pas commencer ta journée avec une mentalité de perdant, de dépressif et de schizophrène. Tu ne peux pas commencer ta journée sans te donner du courage.

Avant de réveiller ton corps, il va falloir que tu réveilles d'abord ta conscience.

On souhaite tous avoir une vie meilleure, On est tous né avec l'envie de progresser et de grandir. Pourtant la plupart des gens se réveillent sans que rien ne change dans leur vie.

>> Pour atteindre le niveau de réussite dont tu as toujours rêvé, tu dois te réveiller <<

La fin de ta journée est déterminée par la manière dont tu te réveilles le matin. C'est ton matin qui conditionne ton degré de réussite. Si tu veux une vie différente, tu dois faire quelque chose de différent. Pour transformer ta vie, il suffit de changer ta façon de te réveiller. Quand tu modifies ta manière de te réveiller, c'est toute ta vie qui change.

Chaque matin quand tu ouvres les yeux, tu dois être concentré sur la vie que tu veux avoir. Chaque matin quand tes pieds touchent le sol, tu dois te dire c'est aujourd'hui que je change ma vie, c'est aujourd'hui que je construis mon succès, c'est aujourd'hui que je vais vivre la vie que je mérite.

Quel est le point commun entre "*Richard Branson*", patron le plus heureux au monde, "*Steve jobs*", créateur de la société la plus riche au monde, "*Oprah winfrey*", élue célébrité la plus puissante du monde, "*Dwayne johnson*", acteur le mieux payé du monde, "*Usain Bolt*", l'homme le plus rapide au monde ¿

>>> *Le travail, la détermination, le courage … Oui .. ok (mais pas que)* <<<

Eux, tous, .. ont l'habitude de se lever très tôt le matin, de commencer leur journée avec l'envie de travailler, de travailler pour leurs rêves, d'être différents de tous les autres et d'être en phase avec leurs objectifs de devenir meilleurs qu'ils ne l'étaient hier.

Il faut s'engager pour changer sa vie, Il faut livrer bataille pour obtenir ce que l'on veut. Si tu as de la volonté, tu peux devenir une personne qui peut connaître une réussite extraordinaire simultanément et dans chaque sphère de ta vie : bonheur, sport, santé, finance, succès, amour… tu pourras vraiment avoir tout ça.

La volonté que tu auras pour te réveiller, c'est la même volonté que tu dois avoir pour chaque épreuve que tu rencontres dans ta vie. c'est la même volonté matin, midi et soir. Elle ne change pas. C'est tous les matins que tu dois faire preuve de volonté. (enfin ! .. Si t'as vraiment l'envie et le désir d'améliorer ta vie bien-sûr).

On dit que la première heure est le gouvernail de la journée. Si tu traînes sans but durant la première heure de ta journée, tu risques d'avoir une journée peu productive qui va partir en fumée.

Il faut avoir un objectif dans la vie; si t'as pas un but dans la vie, Si t'as pas une mission à accomplir, à quoi bon te réveiller chaque matin ¿ ... Sans motivation tu vis au jour le jour, sans vraiment savoir ce qui va t'arriver dans ta journée. Tu vas laisser le monde te diriger, Tu ne choisis pas la direction que doit prendre ta vie, alors que t'es censé en être le pilier. C'est toi qui doit diriger ta vie, t'es le seul maître de ton destin, t'es la seule variable de ta réussite. Avoir un but c'est donner un sens à sa vie.

Ta motivation, ça doit être l'envie de devenir une personne meilleure, qui sera capable d'aider le monde qui l'entoure, afin de permettre d'améliorer la vie des gens. La personne que tu veux devenir est le facteur essentiel qui doit te donner l'envie de te réveiller. Quand ta motivation sera plus grande que tes problèmes, tes soucis te paraîtront insignifiants.

Comme tout le monde; Tu veux ta part de bonheur, tu veux être heureux, mais comment tu veux l'être si tu ne fais pas les efforts dès le matin ¿ .. Tout se passe le matin, c'est le matin que tu construis ton bonheur, c'est le matin, le meilleur moment pour réfléchir, c'est le matin que ta créativité est la plus puissante, la plus phénoménale, c'est le matin que ton énergie est au maximum, c'est le matin, que tu dois être "pôle position" du plus beau jour de ta vie.

Douche - footing - pompes - un bon petit déjeuner - hygiène corporelle intacte - coiffé / rasé - parfumé - bien habillé - souriant - positif et ceci 7j/7 en hiver comme en été. (*c'est dur d'être comme ça tout le temps, n'est ce pas*)

Pourtant ! .. on a tous les yeux rêvés devant nos écrans et télés, à baver sur la vie "presque parfaite" de nos acteurs et stars préférés, qui sont beaux, costauds, forts, riches et avec beaucoup de charisme et de caractère. Certes ! .. ça reste du cinéma. Mais, On veut tout de même leur ressembler et vivre leur vie. On aimerait tous que les gens nous voient comme si on était des lions, des stars, ou des VIP.

>>> *Arrêtons-nous alors de vivre comme si on était des singes* <<<

Y a une raison pour qu'il y ait un jour et une nuit, Y a une raison pour que la nuit succède au jour et le jour à la nuit. tout comme il y a une raison pour laquelle tu restes éveillé à certains nombres d'heures et endormi un certains nombres d'heure. Faut que tu sois en phase avec le jour et la nuit.

C'est dur de changer sa vie, et sur ce point la, on est d'accord. Mais le premier pas commence le matin et je jure par le seigneur du monde que tu peux le faire.

<u>La baguette magique, c'est toi et toi seul. Le miracle, c'est toi et toi seul. La star, le lion et l'unique dans son genre, c'est toi et toi seul. Le changement, c'est toi et toi seul.</u>

Nouvelle Chronique

¤
¤¤¤¤
¤¤¤¤¤¤¤
¤¤¤¤¤¤¤¤¤¤
¤¤¤¤¤¤¤¤¤¤¤¤¤
¤¤¤¤¤¤¤¤¤¤¤¤¤¤¤¤
¤¤¤¤¤¤¤¤¤¤¤¤¤¤¤¤
¤¤¤¤¤¤¤¤¤¤¤¤¤
¤¤¤¤¤¤¤¤¤¤
¤¤¤¤¤¤¤
¤¤¤¤
¤

Ta vie, la mienne, la nôtre .. est un chemin tissé de risques : le risque d'aimer, le risque d'avancer, le risque de se sentir vivant, le risque de trouver un boulot, le risque d'être franc et droit, le risque de voyager, le risque de s'imposer et de décider...Elle n'est pas toujours rose, tout le monde n'est pas toujours gentil.

Accepter ces risques reste cependant la meilleure recette que je connaisse contre le renoncement, la fatigue et l'épuisement. Et c'est aussi le meilleur moyen de me construire et d'apprendre mon métier d'humain.

Cette vie hélas, n'est ni douce ni parfaite, et personne n'a dit qu'elle était simple et facile.
Et c'est tout à fait normal donc, si on y rencontre des arêtes, des bâtons, des barrages, des fêlures,
et des montagnes sur notre chemin. Nous rêvons d'un monde "*disneylandisé*" où nous évoluerions sans aucun souci et toujours détendus. Mais c'est tellement une fausse idéologie et une mauvaise conception de la vraie réalité de la vie.
Au contraire, Ce sont ces mille choses, y compris les emmerdes, qui nous bousculent

et qui nous gênent, qui feront de nous des êtres solides et expérimentés plus tard.

Nous craignons la réalité ? Sans doute. Mais nous ne pouvons pas nous opposer à elle, sous peine d'être perdants et perdus. La seule attitude à adopter avec la réalité consiste à lui dire bonjour. Faire face à la grosse vague et profiter de cet enchaînement, pour prendre de l'élan et contourner l'obstacle ou bien avancer encore plus loin .. monter encore plus haut.

C'est philosophique tout ça, mais je sais que tu vois exactement ce que j'essaie de te dire par cela . La galère est le moteur pour avancer et atteindre l'objectif.

"Fabrice Midal" dans son magnifique livre nommé *NE VOUS LAISSEZ PLUS JAMAIS FAIRE* sorti en janvier 2021, il nous donne un si beau exemple et une si belle image sur nos GALÈRES quotidiennes et comment les surpassées et les gérées; Que je prends l'entière responsabilité de partager un mini extrait sur ce mini livre. ... C'est parti ...Concentre-toi !!!

> Le surf est un vieil art polynésien, un rituel de passage réservé à l'origine aux princes et aux rois qui démontraient leur puissance en affrontant les vagues sur une longue planche de bois. Ils n'étaient pas plus musclés que les autres, mais ils se transmettaient un secret infaillible: l'intensité de la présence face à la violence de la vague.

La vague qui déferle ne peut pas être contrôlée ni annihilée. Refuser de la voir n'est pas non plus une solution. Sa violence emporterait le surfeur le plus aguerri comme un simple fétu de paille. Le seul moyen de ne pas se laisser écraser par elle est d'entrer en rapport avec elle, de se mouvoir en harmonie avec elle, de danser avec elle et ainsi de la dompter. Il se révèle donc fort en sachant résister et triompher de l'emmerde qu'est la tempête.

J'ai rencontré des personnes tout à fait ordinaires qui ont traversé des épreuves extraordinaires. Je pense à "*Djamila*" dont le mari, un colosse atteint d'une maladie rare, est aujourd'hui prisonnier d'un corps qui ne lui répond plus. Il communique par des clignements des paupières ; elle l'accompagne au quotidien. Si on lui avait autrefois prédit ce scénario, elle aurait crié : «*Mais je ne pourrai pas.*» Pourtant, chaque jour elle peut. Elle nous émerveille. Elle nous dit qu'elle s'émerveille elle-même..."*Djam*" est un champ de forces. Avant cette épreuve, elle était persuadée d'être faible, plus faible que les autres. Désarmée et à la merci des autres qu'elle voyait bien mieux armés. Elle était prisonnière du concept de la force comme potentiel.

Nous sommes comme "*Djamila*". Nous sommes capables d'être le surfeur, mais on ne nous l'a jamais appris. Face à la vague, on nous a enseigné deux fausses solutions. La première est la fuite, mais la vague nous rattrape. La deuxième est l'affrontement brutal, mais là aussi elle nous emporte. Alors, dès que nous voyons venir une vague au loin, nous nous sentons déjà petits, irrémédiablement faibles. Nous nous décourageons et rêvons d'une mer sans vagues. La magie est intervenue dans la vie de cette dame. Une force qui a jailli quand elle a pris acte du fait que son mari serait désormais handicapé et qu'elle serait seule pour s'en occuper. Elle s'est confrontée à sa réalité.

Et c'est donc, la preuve vivante que la force n'est pas statique, elle vient avec l'épreuve. [*C'est dans la galère, qu'on voit les vrais hommes*] ..

Cette force alors, se manifeste au moment où nous avons le plus besoin d'elle. Elle ne se contrôle pas. Notre seul pouvoir est de la reconnaître et de nous confier à elle. De lui accorder notre confiance et de suivre le mouvement de la vie qu'elle nous indique. De nous déployer avec elle plutôt que de nous laisser ronger par le ressentiment, la peur, et la culpabilité. La force naît quand nous apprenons à dire oui à la vie, à la laisser croître en nous plutôt que de nous auto-maltraiter par la plainte incessante. Le surfeur n'est pas fort avant de rencontrer la vague. Il acquiert sa force grâce à la vague qu'il regarde en face, en anticipant la manière dont elle se déploie.

Pour résumer, trouve-toi un sol, même s'il n'est pas parfait. assied-toi dans ta vie telle qu'elle est, avec ses réussites, ses vagues, et ses échecs. écoute son rythme en toi au lieu de vouloir lui imposer ton propre rythme. Si tu vois la vague, et on te dit qu'elle est un ennemi, que c'est un problème et qu'il ne devrait pas y avoir de vagues; Dis-toi que s'il n'y a pas de vagues pour te stimuler, il n'y a plus de vie. >> *Je cesse de me sentir faible, Je deviens le roi surfeur qui épouse la force de la vague et s'en abreuve* <<

Nous sommes tous des roseaux, nous sommes tous des héros. Nous sommes tous capables d'avoir la force avec nous. Surtout quand nous nous sentons vulnérables !... > *L'homme courageux est à l'épreuve de la crainte autant qu'homme peut l'être*, dit "*Aristote*" dans l'un de ses plus beaux enseignements.

L'homme n'est pas courageux parce qu'il ne craint rien mais, au contraire, parce qu'il entre en rapport avec sa crainte. Il est fort parce qu'il a peur. Il est fort parce qu'il ose trembler, il est fort parce qu'il y a des jours où il se sent incapable de continuer, il est fort parce qu'il ose pleurer, il ose être touché, il ose toucher la réalité.

"*Djamila*" n'était pas prête à accompagner son mari malade. Mais elle est présente. Elle est vaillante. Elle ne s'est pas laissée écraser et elle a grandi. elle est tellement plus forte et plus solide qu'avant.

Nouvelle Chronique

¤
¤¤¤¤
¤¤¤¤¤¤¤
¤¤¤¤¤¤¤¤¤¤
¤¤¤¤¤¤¤¤¤¤¤¤¤
¤¤¤¤¤¤¤¤¤¤¤¤¤¤¤¤¤¤¤
¤¤¤¤¤¤¤¤¤¤¤¤¤¤¤¤¤¤¤
¤¤¤¤¤¤¤¤¤¤¤¤¤¤¤
¤¤¤¤¤¤¤¤¤¤¤
¤¤¤¤¤¤¤¤
¤¤¤¤
¤

Si tu décides d'être une victime, de ne pas croire en toi, de laisser les gens se moquer de tes choix, d'avoir une vision médiocre de ta vie .. ça va se refléter sur ta personnalité.

>> *Avec une mentalité de perdant, on devient un perdant* <<

"Jean-claude van damme" à dit un jour sur un plateau télévisé, en s'adressant aux jeunes qui voulaient lui ressembler :
« Quand je suis venu en Amérique j'avais vraiment envie de réussir dans le cinéma, c'était un rêve énorme. Mais quand tu es jeune, il y a des gens de ta famille qui vont se mêler pour te dire fais plutôt ceci, tu ne peux pas aller plus haut que ça, ou fais pas ceci, pas cela, parce que c'est pas bien pour toi ...
Tu suis les règles de la vie ... »

Les gens aiment bien suivre, parce qu'ils doivent suivre. mais surtout parce qu'ils sont perdus. Ce n'est pas parce que tu n'as pas le diplôme, l'expérience, le talent ou la force, que tu ne peux pas réaliser tes rêves. tout est dans l'attitude, ça se sent, ça se ressent que tu as faim. ça se lit dans ton regard, on sent que tu en veux.

"JCVD", toujours son micro en main : moi je suis un garçon qui n'a pas d'éducation, je le dis honnêtement. J'ai quitté l'école à 13 ans. j'étais forcé de demander ce que l'on reçoit de la nature, ce que l'on appelle l'instinct.

Tes rêves ne vont pas tombés du ciel, il y a une différence entre vivre ses rêves et rêver sa vie. Au début ça va être dur, tu vas galérer, tu vas douter, t'en pourras plus. La première chose, c'est d'y croire, ensuite il faut que tu adoptes une stratégie. Une stratégie, c'est une somme de petites choses qui vont s'accumuler de jour en jour pour que tu sois plus proche de tes rêves. Il y a beaucoup de gens qui disent "un jour je vais peut-être faire ça ou ça" mais malheureusement, il n'y a rien qui se passe.

Puis il dit : Il faut être persévérant ... tu vas faire des erreurs qui vont t'éloigner de tes rêves, mais tu ne dois pas te focaliser sur ce qui t'éloigne de tes rêves. Tu dois te concentrer sur ce qui va te rapprocher de ces objectifs, Comment tu vas faire ton "*come back*".

Puis, il continue son speech en rajoutant : le plus important c'est que j'ai cru dans mon

rêve. parce qu'il y a beaucoup de gens qui rêvent mais sans plus.
On me prend souvent pour un con quand je passe à la télé, parce que j'essaye très vite d'expliquer à des jeunes comment réussir dans la vie. Alors je fais de mon mieux dans des show de télévision. Parce que j'essaie d'expliquer avec mon cœur ce que j'aimerais que les gens comprennent. Même pas vous enseigner, mais vous rappeler.

Parce qu'on connaît tout dans la vie, on est instinctif. Mais les gens ont peur du changement, parce que quitter sa zone de confort, ça demande des sacrifices et une certaine discipline. Donc un rêve c'est un rêve et moi je n'ai pas passer ma vie à rêver. j'ai cru à mon rêve en le plaçant entre mes 2 yeux chaque jour de ma vie.

>> Il continue : le mot *"aware"* c'est une expression anglaise, c'est être conscient de la chose. il faut être conscient de la force qu'on a. Conscient de tout ce qui se trouve autour de nous à l'intérieur et entre nous.

On va parler de réussite, tu dois faire ce que ton cœur dit mais tu dois croire encore plus ce que tu crois. Et quand tu commences à croire ce que tu crois, il n'y a personne au monde qui peut te bouger, tu vas où tu veux.

Ne laisse pas l'opinion des autres contrôler ta destinée. Ils ne croient pas en toi, ils vont se moquer de toi, ils vont te mettre des bâtons dans les roues, Tu vas faire face au rejet, à l'échec, à la déception et la lumière de l'espoir ne rayonnera plus dans ton cœur.

Mais quand tu lutteras pour tes rêves, tu découvriras que tu es *"aware"*. *"Aware"* de ta force, de ton courage, de ton talent , que tu es meilleur que tes obstacles. Tu es le seul élément qui peut donner un souffle à tes rêves, tu es le capitaine de ton futur.

Refuse d'enfermer ton esprit avec la mentalité des perdants, refuse les pensées négatives, tu es un gagnant, rend possible ce qui est impossible et tu inspirera les gens, tout le monde voudra te suivre …

NE RÊVE PAS TA VIE, VIS TES RÊVES !!!

RÊVE PAS !!!

VIS !!

Nouvelle Chronique

¤
¤¤¤¤
¤¤¤¤¤¤¤
¤¤¤¤¤¤¤¤¤¤
¤¤¤¤¤¤¤¤¤¤¤¤¤
¤¤¤¤¤¤¤¤¤¤¤¤¤¤¤¤
¤¤¤¤¤¤¤¤¤¤¤¤¤¤¤¤
¤¤¤¤¤¤¤¤¤¤¤¤¤
¤¤¤¤¤¤¤¤¤¤
¤¤¤¤¤¤¤
¤¤¤¤
¤

Dans la vraie vie (*loin de celle sur Netflix et prime.vidéo*) les portes closes existent. On se heurte à elles en permanence, une administration tatillonne, un supérieur qui ne prend pas en compte nos arguments, un adolescent qui refuse d'entendre raison, une femme chiante comme pas possible, une famille de psychopathes... Ces portes-là sont souvent blindées, ce qui ne signifie pas qu'elles soient infranchissables. Elles sont comme les coffres-forts réputés inviolables, dont des cambrioleurs de haut vol parviennent à trouver la bonne combinaison pour les ouvrir sans les forcer.

Devant elles, notre premier réflexe est de nous décourager, nous renonçons trop vite. nous partons, ou alors nous essayons de les défoncer. Nous cognons, nous tapons, ... mais la porte ne s'ébranle pas et il ne nous reste qu'une épaule fracassée et un immense sentiment d'impuissance, de frustration et d'injustice. Nous sommes alors comme l'homme de "*Song*" dont l'histoire est rapportée par "*Mencius*", le grand sage chinois du "IVe" siècle.

Cet homme-là, un paysan, déplorait que ses plantations ne poussent pas aussi vite que celles de son voisin. Forçant l'ordre de la nature, il avait un jour tiré sur chaque poussée de plantes pour la faire sortir plus vite de terre et il s'en était allé dormir. Le lendemain, son champ était mort. *«il ne sert à rien de tirer sur les herbes»*, affirme, depuis, la sagesse chinoise.

Pourtant, il y a bien des possibilités pour ouvrir une porte. Et une condition pour qu'elles puissent se déployer. Consentir à cette réalité, c'est-à-dire admettre que la porte est fermée. C'est une étape que nous brûlons, nous nous acharnons contre elle, y mettons vainement notre énergie en espérant qu'elle soit quand même entrouverte alors que, de toute évidence, elle est fermée à clé.

La première façon est la plus simple, elle consiste à frapper à la porte. Une porte n'est pas un mur et elle est conçue pour s'ouvrir. Une fois, dix fois, en respectant une procédure, une mélodie. On ne frappe pas à toutes les portes de la même manière, mais on a le droit de frapper à toutes les portes. Et en espérant que quelqu'un répondra. Le plus dur est de surmonter notre peur, de

déranger, d'être confronté à un refus, à de la malveillance ou même à des moqueries.
Écoutons le "non" quand il nous est opposé. Certains "non" sont catégoriques, d'autres appellent l'insistance. Insiste donc bien, négocie, pose-toi la bonne question : pourquoi cette porte est fermée ?! .. et enfin, change d'objectif si aucune ouverture est possible, d'autres portes seront CERTAINEMENT dé-verrouillables plus facilement.

¤ *PATIENCE ET PERSÉVÉRANCE* ¤

Nouvelle Chronique

¤
¤¤¤¤
¤¤¤¤¤¤¤
¤¤¤¤¤¤¤¤¤¤
¤¤¤¤¤¤¤¤¤¤¤¤¤
¤¤¤¤¤¤¤¤¤¤¤¤¤¤¤¤
¤¤¤¤¤¤¤¤¤¤¤¤¤¤¤¤
¤¤¤¤¤¤¤¤¤¤¤¤¤
¤¤¤¤¤¤¤¤¤¤
¤¤¤¤¤¤¤
¤¤¤¤
¤

Je ne perds jamais, soit je gagne, soit j'apprends mais je ne perds jamais. À un moment de ta vie tu vas tomber, tu vas faire face à l'échec, tu auras l'impression d'être un minable, Plus bas que terre, un raté, un moins que rien, Tu vas te détester toi-même.

Mais quand tu tomberas, je veux que tu te souviennes de ceux-ci… *«Des Rois sont tombés avant toi, des champions sont tombés avant toi, des légendes sont tombés avant toi»*.

Ce n'est pas parce que tu tombes, que tu perds…Tu perds, quand tu as décidé d'abandonner le combat. Tu perds, quand tu décides de fuir. Tu perds, quand tu ne crois plus en tes rêves. tu perds, quand tu penses que tu es trop petit pour faire de grandes choses.

Mais crois moi, Personne n'est trop petit pour faire de grandes choses. Personne n'est trop grand pour faire de petites choses. Chaque échec, chaque expérience d'échec, est un pas de plus vers le succès.

Pourquoi ceux qui réussissent, n'abandonnent pas au premier échec ¿ Pourquoi ils n'abandonnent pas après 10 échecs, pourquoi pas après 100 échecs, ou 1000 ou même 1.000.000 échecs. Ils sont toujours là.
Et tu sais pourquoi ils n'abandonnent pas ? Parce qu'ils veulent voir leur rêve devenir réalité. Parce qu'ils sont là après chaque échec. Ils font leur *'come back'*. Ils reviennent parce qu'ils ont un rêve et ils veulent le voir devenir réalité.

L'échec n'est pas une option, mon cher ami. l'échec est une expérience. Lorsque tu tombes, tu te relèves. Tu es un loup. Tu n'abandonnes pas, tu reviens. On te fait tomber, tu te relèves et tu repars à la charge. Tu repars pour atteindre ton BUT.

Laisse-moi te poser une question : Pourquoi lorsque tu tombes, tu restes sur le sol ? Est-ce parce que tu ne crois plus en tes rêves, ou qu'on t'a dit que tes rêves étaient trop ambitieux, que t'avais pas les épaules assez larges, que tu rêvais trop grand. Est-ce que tu y crois ? Est-ce que tu y crois vraiment ?

Moi, j'y crois pas. Alors debout, lève toi. Relève toi maintenant. Mais je vais te confirmer que tes rêves sont trop grands, qu'ils dépassent l'entendement. Parce que les rêves sont faits pour dépasser la réalité de cette vie. Tes rêves sont faits pour que tu sois plus grand, pour que tu sois meilleur que tu ne l'étais hier.

C'est pour ça qu'à partir d'aujourd'hui, tu vas rêver plus grand, plus grand que tu ne l'es. Tes rêves sont des étoiles, tu dois avoir les pieds sur terre et la tête dans les étoiles. C'est comme ça que tu deviendras quelqu'un de grand.

Les gens diront que t'es un fou, ils ne comprendront pas pourquoi tu es un obstiné. Pourquoi malgré tous tes échecs, tu reviens à la charge. Ils ne comprendront pas .. car toi quand tu regardes en haut, eux ils regardent en bas.

Chaque fois que tu tombes, c'est une occasion pour toi de te relever, de gagner en force, de gagner en expérience, d'être meilleur, d'être plus performant. Ne lâche pas l'affaire, vas-y relève toi. Ce qui ne te tue pas, te rends plus fort.

Change ta perspective, change ton état d'esprit, tu ne tombes pas pour tomber plus bas, tu tombes pour te relever plus haut. C'est ça le processus, c'est ça le changement.

Regarde ta situation d'une nouvelle manière. Tu ne perds pas, tu gagnes. Certes, tu vas tomber, tu vas pleurer toutes les larmes de ton corps quand tu seras au sol. Tu n'y croiras plus, tu te diras que c'est fini pour toi. Mais non !

Pour tes rêves, pour ceux qui t'aiment, tu te relèveras. Pour eux tu te relèveras. L'obstacle, c'est une opportunité. L'échec est une opportunité aussi (évidemment).

Penses-y…car en ce moment il y a quelqu'un, qui est coincé sur un lit d'hôpital et qui prie pour avoir la même opportunité que tu as. Alors prends chaque opportunité comme si c'était la dernière, car cette opportunité ne sera peut être pas là demain. C'est la seule occasion que tu as.

Et dis-toi bien que tu ne perds jamais, soit tu gagnes, soit tu progresses…mais tu ne perds jamais.

Nouvelle Chronique

¤
¤¤¤¤
¤¤¤¤¤¤¤
¤¤¤¤¤¤¤¤¤¤
¤¤¤¤¤¤¤¤¤¤¤¤¤
¤¤¤¤¤¤¤¤¤¤¤¤¤¤¤¤
¤¤¤¤¤¤¤¤¤¤¤¤¤¤¤¤
¤¤¤¤¤¤¤¤¤¤¤¤¤
¤¤¤¤¤¤¤¤¤¤
¤¤¤¤¤¤¤
¤¤¤¤
¤

Il y a des jours ou t'en peux plus, où t'as pas envie de te réveiller, t'as pas envie d'aller au boulot , à l'école, à l'entraînement .. t'as plus envie de rien. Peut être parce que tu as assez donné, tu as donné tout ce que tu as. mais ça donne cette impression que tous tes efforts n'ont servi à rien. Pourtant tu as tout essayé, tu as fait des sacrifices mais tu n'y arrives pas, tu arrives pas à transformer ta vie .. tu es comme un bateau au milieu d'une mer déchaînée; ça vient de tous les côtés et te voilà en train de couler.

Mais ce n'est pas le moment de toucher le fond .. pas maintenant, pas ici, pas tout de suite, pas avec moi en tout cas ^^. Il faut que tu remontes à la surface.

La problématique c'est que tu as arrêté de croire en toi. tu as laissé les critiques te dire que tu n'y arriverai jamais, que tu n'avais pas de talent ,,, out était fini pour toi.

Tu veux un scoop ¿ on t'a menti !!! … c'est pas parce que tu as eu des échecs, que tu es un *"looser"*. Ta réussite ne dépend pas de la somme de tes échecs, ta réussite dépend du nombre de fois ou tu te relèves. Le nombre d'échecs n'a pas d'importance. Peu importe qui sait ce nombre, peu importe qui est au courant de ton échec, tu recommences, peu importe que tu sois le dernier, peu importe les résultats .. la véritable défaite serait que t'abandonnes.

T'as pas le droit d'abandonner .. chaque échec te fait gagner en expérience. Tu dois reprendre confiance en toi .. parce que le doute a brisé plus d'un rêve.

Je préfère être le dernier des meilleurs que le premier des mauvais. Je préfère perdre en donnant tout ce que j'ai, plutôt que de gagner sans le mériter. Je préfère être un bosseur qui donne du cœur, plutôt qu'être un arrogant qui a du talent. Je préfère essayer et rater encore et encore plutôt que de ne rien faire dans ma vie. Je préfère toucher le fond et me relever plutôt que d'être en haut et de rester allongé. Et enfin, je préfère mourir dignement la tête haute plutôt que de vivre comme un lâche.

Refuser de se battre par peur de l'échec, c'est comme refuser de vivre par peur de mourir. Ce ne sont pas les plus intelligents ou les plus forts qui gagnent la bataille. Mais les gagnants sont ceux qui sont prêts à aller jusqu'au bout, ceux qui sont prêts à tout sacrifier pour leur rêve et objectifs

Et n'oublie pas, s'il te plaît .. s'il te plaît, n'oublie pas .. qu'il n'y a que toi .. que toi et toi seul qui peut changer ta vie .. il n'y a que toi .. QUE TOI.

Nouvelle Chronique

On peut se moquer, on peut dire qu'ils sont louches, spéciaux et plutôt bizarres .. bref ! je veux dire on est libre de penser ce qu'on veut et de faire ce qu'on peut, mais une chose est sûre .. moi je n'ai jamais vu ou entendu les personnes qui réussissent avec succès, se moquer des autres.

Je m'explique : généralement voire très souvent, les hommes politiques, les acteurs, les chercheurs, les stars, les artistes, les sportifs… se font critiquer par le reste du monde. Parfois le reste du monde a raison, et parfois non. La critique est humaine bien naturellement et un droit individuel qui se dessine sous forme de la liberté d'expression et d'existence. OK !

Ces hommes/femmes *"modèles"* qu'ils passaient dans les médias, la télé ou la radio, ou tout simplement dans la rue .. ce n'était pas pour se moquer ou critiquer. Mais pour partager quelque chose, pour nous inspirer, pour nous dire que tout était possible, pour nous dire que si c'est eux étaient parvenues à vivre leurs rêves, on pouvait le faire aussi.

Tu sais pourquoi ¿ .. C'est tout simple. Quelqu'un qui est en haut de la pyramide, sait pertinemment que les critiques viennent toujours, toujours de ceux qui en font le moins. *(ceux d'en bas)*.

Mais de nos jours, dès que tu sors un peu du cadre, que tu sois un peu différent, dès qu'il y des choses qui paraissent pas habituelles .. telle une nouvelle idée, ou bien un nouveau projet ou carrément une invention, on va se moquer de toi et te pointer du doigt, de la main, du visage, des pieds, du regard …

Alors, si tu veux avancer et vivre ton destin en paix et accomplir la chose pour laquelle tu es né(e) .. je t'invite à répéter dès que tu peux cette phrase dans ta tête : *> j'en ai rien à faire de l'avis des autres <*

Qui va se moquer de toi ¿ les esprits faibles. Pourquoi ¿ parce que se moquer, c'est très simple et les esprits faibles ils ont l'impression d'être forts et ils ont cette sensation d'exister. Mais quand tu as un esprit fort et qu'on se moque de toi, tu t'en moques parce que tu sais ce que tu vaux Et tu sais qui tu es. Tu as les pieds sur terre et la tête dans les étoiles.

Tu sais, il y a beaucoup de gens parmi nous, qui sont tout le temps dans le besoin de montrer quelque chose à propos d'eux. Tu comprends ¿ ou bien leur corps, formes ou beautés, ou bien leurs richesses, ou n'importe .. et tu sais pourquoi ¿ .. parce qu'ils sont perdus. *DES ENVELOPPES VIDES.*

Et les gens qui veulent réussir quelque chose, n'ont pas le temps de tendre l'oreille aussi bas, que le niveau des esprits faibles pour écouter ce qu'ils disent sur eux. Et si tu regardes bien, la plupart des acteurs hyper connus, les champions du monde et beaucoup de personnalités marquantes, se sont des gens qui viennent de nulle part. *(comme toi et moi).*

Mais alors ¿ pourquoi eux, sont connus au niveau national et international et ceux qui jugent et critiquent 24h/24 vivent dans des HLM encore chez maman ¿ .. Ceci est ma façon à moi de te dire que, t'en à vraiment rien n'a faire des moqueries des autres. t'en a rien n'approuver .. rien .. rien.

On dit que l'aigle ne chasse pas les mouches.

Tu veux réussir avant même que tu réussisses réellement et concrètement ¿ .. Alors visionne toi dans le futur jusqu'à ce que tu verras la personne que tu souhaites devenir. Peu importe l'endroit d'où tu viens, peu importe ce que tu as dans tes poches, peu importe ton niveau d'éducation et d'études, peu importe ce que les gens diront, .. décide d'emprunter le chemin qui t'amènera à vivre ton destin. Les meneurs, les leaders et les vainqueurs, ont tous un point commun, lequel ¿ .. ils ont tous décidé de ne pas écouter ceux qui disaient que c'était impossible, que c'était une mauvaise idée, que c'était trop dur, trop dangereux, …

Un vieux sage à dit un jour : *si tu fais que des choses faciles la vie deviendra difficile mais si tu fais des choses difficiles elle deviendra facile.* Et pour réussir il faut avoir confiance, il faut pleurer, paniquer, souffrir, endurer, supporter, surpasser et bien sûr croire et persévérer.

Quand tu as cette voix intérieure qui dit : *vas-y fais-le t'as rien à perdre.* Cette voix en vérité est celle du cœur et le cœur il ne ment pas. Le meilleur conseil que je puisse donner à quelqu'un ainsi qu'à moi-même pour réussir dans cette vie, c'est de ne pas écouter les bruits du monde.

Nouvelle Chronique

¤
¤¤¤¤
¤¤¤¤¤¤¤
¤¤¤¤¤¤¤¤¤¤
¤¤¤¤¤¤¤¤¤¤¤¤¤
¤¤¤¤¤¤¤¤¤¤¤¤¤¤¤¤
¤¤¤¤¤¤¤¤¤¤¤¤¤¤¤¤
¤¤¤¤¤¤¤¤¤¤¤¤¤
¤¤¤¤¤¤¤¤¤¤
¤¤¤¤¤¤¤
¤¤¤¤
¤

Parfois, tu as l'impression d'être loin très très loin de la vie que t'avais voulu avoir il y a 5 ou 10 ans en arrière. Et que tu sais, qu'il y a des millions de personnes qui ont le même rêve que toi, le même projet et les mêmes objectifs.

Du coup ! ta perception de la réussite devient de plus en plus petite et l'envie d'abandonner devient de plus en plus grande. Mais la différence entre quelqu'un qui sait ce qu'il veut et les autres, c'est que le premier se répète tous les jours dans sa tête, je vais réussir, je vais réussir, je vais réussir. Alors que tout autour de lui, lui disait le contraire.

"Mohamed Ali" à dit : c'est la répétition d'affirmation qui mène à la croyance et il faut que cette croyance devienne conviction profonde. *(la monnaie de confiance)*.

Nos erreurs sont des écoles, des cours et des leçons bien riches. On sait retenir nos erreurs, elles sont faciles à retenir, on les paie toujours.

Toute notre vie on va faire des erreurs, des grandes, des petites et le pire c'est qu'on va les répéter et c'est ça qui fait mal. Ça fait mal de se sentir coupable, parce que tu as commis une erreur dans laquelle tu étais déjà tombé avant.
Et quand on se sent coupable, on ne s'aime pas, on se déteste, on se voit comme un faible.

Mais c'est une main de fer ces erreurs, et tu ne peux pas nier ton humanité. Un des sens de notre vie c'est d'apprendre à nous maîtriser pour repousser le mal par le bien.

De ma part, je crois vraiment en toi. Je crois au fait que tu vas faire des erreurs dans l'année (comme nous tous) mais que ces erreurs ne seront pas la fin d'une histoire, mais le début de ton apprentissage.

Nouvelle Chronique

◻
◻◻◻◻
◻◻◻◻◻◻◻
◻◻◻◻◻◻◻◻◻◻
◻◻◻◻◻◻◻◻◻◻◻◻◻
◻◻◻◻◻◻◻◻◻◻◻◻◻◻◻◻
◻◻◻◻◻◻◻◻◻◻◻◻◻◻◻◻
◻◻◻◻◻◻◻◻◻◻◻◻◻
◻◻◻◻◻◻◻◻◻◻
◻◻◻◻◻◻◻
◻◻◻◻
◻

C'est dur, d'oublier son passé, d'oublier les choses qui t'ont blessé, d'oublier les échecs, les trahisons, les désillusions. C'est lourd de vivre avec toutes ces douleurs dans le cœur. Ces douleurs qui t'assassinent petit à petit.

Chaque jour qui passe, tu te sens de plus en plus coupable, parce que tu as fait les mauvais choix dans ta vie. Parce que tu ne peux pas retourner en arrière dans le temps Pour changer ton passé, et tu es fatigué de vivre avec les blessures du passé, D'avoir l'impression de revivre les mêmes déceptions, De revenir au même point de départ. C'est fatiguant de voir que ta vie ne change pas.

Mais si t'arrive pas à avancer dans le présent, c'est parce que ton esprit est figé dans le passé. Ce passé qui t'écrase, ce passé qui te rappelle tes faiblesses, ce passé qui te fait si mal.

Mais tu n'es pas une victime; Tu vaux mieux que ça.

Ce n'est pas dans les moments faciles où tout va bien pour toi qu'il faut être fort. C'est dans les moments difficiles, les moments tragiques, les moments qui te font souffrir que tu dois être fort.

Être fort, c'est oublier ton passé pour écrire un nouveau chapitre dans l'histoire de ta vie. Oublie le passé, où t'a été moqué, Oublie le passé, où t'a été insulté, Oublie le passé, qui t'a fait tomber, Oublie le passé, qui t'a brisé, Oublie le passé qui t'a victimisé, ne laisse pas ton passé assombrir ta vision de l'avenir, Oublie les souffrances du passé.

Tu as reçu assez de coups, tu as assez souffert dans ta vie.

Aujourd'hui Ça suffit ... c'est aujourd'hui Que tu enterres les fantômes de ton passé, c'est aujourd'hui que tu fais naître un nouveau toi, Aujourd'hui s'écrit le nouveau chapitre de ta vie, Le chapitre du jour Où tu as décidé de recommencer ta vie à zéro, Le chapitre du jour Où tu as décidé de reprendre le contrôle de ta vie, Le chapitre du jour où tu as décidé de ne plus baisser la tête, de dire non, de lutter. Le chapitre du jour où tu as décidé de devenir la personne que tu dois être.

Écris ....
Écris ...
Écris ...

Le nouveau chapitre de ta vie !!!

<u>Nouvelle Chronique</u>

¤
¤¤¤¤
¤¤¤¤¤¤¤
¤¤¤¤¤¤¤¤¤¤
¤¤¤¤¤¤¤¤¤¤¤¤¤
¤¤¤¤¤¤¤¤¤¤¤¤¤¤¤¤
¤¤¤¤¤¤¤¤¤¤¤¤¤¤¤¤
¤¤¤¤¤¤¤¤¤¤¤¤¤
¤¤¤¤¤¤¤¤¤¤
¤¤¤¤¤¤¤
¤¤¤¤
¤

Ta façon d'être avec les gens, et ta manière de t'adresser à eux, reflètent ton réel fond. Si tu es arrogant, et que si ton cœur et ta poitrine sont remplis de rancune, de haine et de jalousie, Ça va se voir "de suite" sur toi.

Avant de t'exprimer donc, et de répondre à qui que ce soit, fais en sorte de montrer le meilleur de toi-même . Faut que tu sois le plus beau, le plus souriant, le plus gentil, le plus serviable, le plus calme de tous ceux qui sont autour de toi .

Malgré tes problèmes, tes conflits, tes échecs et tes déceptions, fais en sorte de ne pas montrer aux autres que tu es triste ou bien en position de gêne ou de faiblesse.

Sois le meilleur, sois différent, sois ce positif qui motive les autres avec un beau sourire et un grand cœur (même si c'est au dessus de tes forces) ... car c'est cela qui fera de toi ce changement qu'on aimerait tous voir et avoir.

C'est dur, ce n'est pas toujours évident et ça demande beaucoup de travail et de sacrifices.

Mais ça en vaut la peine . Et au fond de toi, tu le sais déjà.

Ne laisse pas le café et la cigarette prendre le contrôle de ta vie. Ne te laisse pas influencer par ces gens artificiels. Par ces âmes perdues, égarées et négatives. Tu es la patron et c'est à toi de prendre le dessus .

Travaille plus dur et plus souvent que les autres. N'écoute pas les gens qui connaissent que le vide et les malheurs. T'en a pas besoin d'eux pour se sentir aimer ou bien entourer.

Faut que tu sois spécial. Spécial pour toi même d'abord, puis pour tes parents, tes enfants, ta famille et ceux qui t'aiment .

TU ES SI EXCEPTIONNEL(LE) ,,,
SI SEULEMENT TU LE SAVAIS !!!

Nouvelle Chronique

¤
¤¤¤¤
¤¤¤¤¤¤¤
¤¤¤¤¤¤¤¤¤¤
¤¤¤¤¤¤¤¤¤¤¤¤¤
¤¤¤¤¤¤¤¤¤¤¤¤¤¤¤¤
¤¤¤¤¤¤¤¤¤¤¤¤¤¤¤¤
¤¤¤¤¤¤¤¤¤¤¤¤¤
¤¤¤¤¤¤¤¤¤¤
¤¤¤¤¤¤¤
¤¤¤¤
¤

À la naissance, on monte dans le train et on rencontre nos parents. On croit qu'ils voyageront toujours avec nous. Pourtant, à une station, nos parents descendront du train, nous laissant seuls continuer le voyage...

Au fur et à mesure que le temps passe, d'autres personnes montent dans ce train. Et elles seront importantes : nos frères et sœurs, nos amis, nos enfants, sans oublier l'amour de notre vie (*pour certains*).

Beaucoup descendent un peu trop tôt de ce fameux train de vie et laisseront un vide plus ou moins grand. D'autres seront si discrets qu'on ne réalisera pas qu'ils ont quitté leurs sièges.

Ce voyage en train sera plein de joies, de tristesse aussi, d'attentes, de bonjours, d'au-revoirs et d'adieux.

Le succès est d'avoir de bonnes relations avec tous les passagers pourvu qu'on donne le meilleur de nous-mêmes. On ne sait pas à quelle station nous descendrons, donc vivons heureux, aimons

et pardonnons.
Il est important de le faire car lorsque nous descendrons du train, nous devrons laisser que de beaux souvenirs à ceux qui continueront leur voyage.

Soyons heureux avec ce que nous avons et remercions le ciel de ce voyage fantastique. Aussi, merci d'être un des passagers de mon train. Et si je dois descendre à la prochaine station, je suis content d'avoir fait un bout de chemin avec vous.

<u>Nouvelle Chronique</u>

¤
¤¤¤¤
¤¤¤¤¤¤¤
¤¤¤¤¤¤¤¤¤¤
¤¤¤¤¤¤¤¤¤¤¤¤¤
¤¤¤¤¤¤¤¤¤¤¤¤¤¤¤¤¤¤¤
¤¤¤¤¤¤¤¤¤¤¤¤¤¤¤¤¤¤¤
¤¤¤¤¤¤¤¤¤¤¤¤¤¤¤¤
¤¤¤¤¤¤¤¤¤¤¤
¤¤¤¤¤¤¤¤
¤¤¤¤
¤

Notre vie (*de l'âge adulte jusqu'au décès*) est basée sur des choix . Ces choix qu'on fait tous les jours . Tu es responsable de tes décisions et tu dois les assumer.

Tu as choisis quoi ? ... d'être un leader ? Un meneur ? Un moteur pour les autres ? ... ou bien le choix de celui qui se fait écraser par sa propre idéologie ? .. une victime de la société ? .. (je t'expliquerai plus loin le sens de cette expression) ^^

>>> Faire un choix, c'est faire des sacrifices. T'en ai capable ? ... <<<

Tu es l'addition de tes choix précédents, tu es le résultat de tes choix faits par le passé. Ce résultat bon soit-il ou mauvais, c'est la finalité de tes décisions d'hier. Chaque jour on est censés s'améliorer et faire un pas de plus vers l'avant.

Chaque jour est un cadeau du ciel pour nous reprendre en main, corriger nos erreurs, se rattraper sur un geste ou une action regrettable. Chaque jour symbolise une nouvelle naissance pour nous.

Un nouveau "nous" Chaque levé de soleil.

Le temps, n'est pas là pour nous punir ou nous faire de la peine... bien au contraire. Le temps a été créé pour nous corriger et faire de nous des êtres expérimentés, plus solides et meilleurs surtout.

Ne dis jamais (je n'aurais pas dû ... j'aurais pu ... si j'avais le choix ...) . C'est l'idéologie des gens faibles d'esprit et des trouillards. Et t'en ai pas un toi . Hein ?! .. on est d'accord ? ... tu vaux tellement mieux que ça .

Assume tes conneries .. assume tes choix .. assume tes manquements .. assume ta fragilité .. assume ton manque de confiance, de foi, d'amour, de délicatesse .. assume tout .. tout .. tout. N'aies jamais honte d'être toi-même, tu es comme personne et tu es censé ressembler à personne. Tu ne dois rien à personne et tu as qu'une seule vie, c'est la tienne.

Perfectionne-la .. améliore-la à ton rythme

et comme bon te semble. Tu es le processeur de ton système. C'est toi le maître de chaque seconde passé dans ta petite vie.

Tu es satisfait de toi ? .. tu te plais ? .. tu te sens bien dans ta peau ? .. tu te sens heureux et en paix avec toi même ? .. tu vis ton rêve ? .. oui ? ... sûre ? .. ne change surtout pas et fonce encore plus loin, vol encore plus haut. Cours encore plus vite.

Non ?! ..ce n'est pas le cas ? ... Ce n'est pas grave. Tu sais pourquoi ? ... parce que j'ai une merveilleuse nouvelle pour toi mon cher. Je connais celui qui va enfin pouvoir te donner un coup de pouce, voire même changer ta vie comme et/à jamais.

Qui est-ce ce personnage mystérieux donc ? ... aller je suis gentil, je vais te donner un petit indice. Prêt ? ... OK !

>>> *Prends un miroir et regarde dedans* <<<

Alors ?! ... déçu ? ... content ? ... en tout cas une chose est sûre, la baguette magique n'existe pas et les licornes, les papillons et les arcs en ciel ce n'est pas le monde....

Personne, et je dis bien personne ne cogne plus fort que la vie. Mais attention ! .. Le plus important, ce n'est pas de rendre les coups. Non et non ! ... les gens forts et solides sont ceux qui reçoivent des coups, ils encaissent et ils ne flanchent jamais jamais. Ils tombent et ils se relèvent..sans jamais abandonner.
C'EST EUX LES VAINQUEURS.

(À toi de jouer maintenant, c'est toi qui détient le pouvoir, tu es pote avec le gars du miroir (ton reflet) ... fais-lui confiance et tu verras ta vie autrement, t'en auras plus besoin de personne) ,,, Aller Bisou !

Nouvelle Chronique

¤
¤¤¤¤
¤¤¤¤¤¤¤
¤¤¤¤¤¤¤¤¤¤
¤¤¤¤¤¤¤¤¤¤¤¤¤
¤¤¤¤¤¤¤¤¤¤¤¤¤¤¤¤
¤¤¤¤¤¤¤¤¤¤¤¤¤¤¤¤
¤¤¤¤¤¤¤¤¤¤¤¤¤
¤¤¤¤¤¤¤¤¤¤
¤¤¤¤¤¤¤
¤¤¤¤
¤

Nous avons peur de nous blesser, peur de risquer, peur de sortir des chemins balisés. (*J'en fais parti de cette catégorie*) .. Nous voyons des lions partout et nous nous laissons engourdir par attachement à des habitudes capables de nous assurer confort et sérénité. Nous renonçons sans même nous en rendre compte. Ne tentons pas un concours, nous désespérons à tort un emploi par peur de l'échec. Au fond, nous n'osons pas prendre le risque d'être déçus. On flippe tellement qu'on fait tout pour préserver notre fragilité et notre vie bien tranquille. On évite à tout prix d'entrer dans l'inconnu, Mais nous ne nous rendons pas compte que la pire vie est celle qui ne risque rien...

J'ai honte de toutes ces peurs. Je les tiens pour des intruses. J'ai même peur de la peur, je crains d'être ridiculisé, écrasé. Parfois, j'ai même peur des gens, de mes responsables, de la réaction des gens ou de ma famille. J'en oublie que les autres aussi ont peur. Que la peur n'est pas une faute, elle est légitime, elle est digne. Sans elle, je suis aveugle, je suis sans âme. Elle est normale : c'est elle qui m'engage dans le mouvement de la vie. Les héros ont peur, les soldats sur un champ de bataille ont peur, les pompiers qui éteignent un incendie ont peur. Leur peur se transforme en levier quand ils prennent le temps de l'écouter, de la rencontrer.

Mais, Heureusement que j'ai peur avant chacune de mes publications, peur de me répéter, de ne pas avoir trouver les mots justes, de ne pas réussir à intéresser les lecteurs, de manquer d'inspiration. Car en réalité, c'est grâce à cette peur, que j'arrive à sortir de ma zone de confort pour me dépasser. Elle me protège de l'inconscience. De faire du sur-place.

Un jour j'ai rencontré un homme extraordinaire. Il sauve des jeunes. Il est enseignant, il a été affecté, à sa demande, dans un lycée réputé «difficile» où quantité d'enseignants jettent l'éponge, littéralement détruits par les épreuves qu'ils endurent. Lui-même s'ennuie dans les établissements plus tranquilles où rien ne le pousse à se dépasser.

Comme un chevalier déterminé, sa traversée du pont est loin d'être pavée de pétales de roses. Mais, porté par ses idéaux, par son envie de réussir, il ne regarde ni les déceptions ni les heures supp. Et se laisse entraîner par sa profonde envie de relever les défis. Ceux que d'autres appelleraient les emmerdes du quotidien (*les élèves démotivés, les bagarres, l'indiscipline, les menaces parfois*).

Et chaque année, il réussit à franchir le pas. Il ne s'intéresse pas au passif des élèves, mais il regarde avec eux la forteresse qui est au-delà de ce fameux pont qui ne nous donne pas forcément envie de le traverser. Il croit en eux, en leurs capacités, en leur avenir. Il pousse les uns à s'inscrire dans un club de sport, les autres à ambitionner une filière sélective, il a découvert la passion secrète d'un gamin, la pâtisserie, il a vu en lui un artiste, il est persuadé (et le gamin l'est désormais) qu'il comptera un jour parmi les très grands pâtissiers. On lui a demandé sa méthode, il a été incapable de l'énoncer. Sa méthode, c'est l'audace. Ses aiguillons sont son ardeur. "*Même pas peur* !" s'amuse-t-il à répéter.
Sans se douter que c'est ainsi qu'il fait disparaître les lions, les phobies et les obstacles psychologiques.

Mais ce n'est pas parce qu'il est exceptionnel, plus fort que les autres ou qu'il n'a plus de peurs, mais parce qu'il est animé d'une intense ferveur - son amour pour ces élèves. Ce n'est pas son courage qui lui permet d'affronter les lions, mais bien cet amour qui est plus fort que la peur. Cet enseignant pourrait, lui aussi, avoir peur. Il n'est pas plus courageux qu'un autre, mais il est porté par l'amour de son métier qui l'amène à se dépasser.

Ma voisine, elle, est de nature plutôt douillette. Pourtant, quand son fils a attrapé une grosse bronchite l'hiver dernier, elle s'est retrouvée en pleine nuit, parcourant des kilomètres à vélo, sous la pluie, pour trouver une pharmacie ouverte. Elle, non plus ne s'était pas posé de questions, elle avait foncé. Quand je suis porté par l'amour - d'un être, de la justice, de la beauté, du travail, de l'humanité, de la vie, je ne calcule plus, je suis poussé en avant par un allant bouillonnant d'ardeur qui m'amène à me dépasser pour atteindre l'indiscutable, le but que je sais devoir atteindre. Je ne me soumets pas au petit, je vise le grand. Je suis porté par une verticalité, je vais rencontrer ma vaillance, franchir le pont. Je vais me révéler humain.

En mai 2018, quand il a vu un enfant accroché à la rambarde d'un balcon d'où il allait tomber, "*Mamoudou Gassama*", un jeune Malien sans papiers qui craignait par-dessus tout de sortir de l'ombre et d'être attrapé par les autorités, a escaladé à mains nues quatre étages d'un immeuble parisien. Il n'a pas été freiné par le risque d'être repéré par les policiers, de tomber, de mourir. Mû par un idéal qui le dépassait, il s'est lancé. Il a réussi parce qu'il a pris le risque de l'aventure. Il est aujourd'hui un héros.

*
*
*
*
*
*

>>> *L'AMOUR EST TELLEMENT PLUS PUISSANT QUE LA PEUR* !! <<<

Nouvelle Chronique

¤
¤¤¤¤
¤¤¤¤¤¤¤
¤¤¤¤¤¤¤¤¤¤
¤¤¤¤¤¤¤¤¤¤¤¤¤
¤¤¤¤¤¤¤¤¤¤¤¤¤¤¤¤¤¤¤¤
¤¤¤¤¤¤¤¤¤¤¤¤¤¤¤¤¤¤¤¤
¤¤¤¤¤¤¤¤¤¤¤¤¤¤¤¤
¤¤¤¤¤¤¤¤¤¤¤
¤¤¤¤¤¤¤¤
¤¤¤¤
¤

Le corps a des pouvoirs que nous ignorons. Il n'est pas seulement cette machine plus ou moins bien entretenue. Il ne se contente pas de nous distribuer notre dose d'endorphines et autres hormones du bonheur. Il n'est pas notre monture. Il est nous. Notre corps c'est NOUS .

>> *Explication, brève, facile et rapide* :

Ton corps, mon cher, il te parle. Il communique avec toi tout le temps, Si tu sais l'habiter. Il te dit plein de choses, lui qui est dans le réel, dans le concret, qui n'use pas des mille ruses du mental pour dissimuler la réalité. Comme un tableau de bord, il t'indique clairement le taux d'usure et de fatigue, il tente de te protéger, de te ralentir par les moyens dont il dispose : un mal de dos, des crampes à l'estomac, une crise d'eczéma. Il doit parfois employer des méthodes fortes comme le *"burn-out"*. Cette réaction extrême du corps qui, un matin, refuse de se lever. On dit le burn-out soudain, il nous étonne, mais il n'est que la conséquence de mois, d'années de surdité, un rappel à l'ordre de ce corps qui te dit : <Je te parle depuis longtemps, je te signale que ça ne va pas, qu'on te maltraite, qu'on te pressurisé, qu'on t'écrase, qu'on te

marche sur les pieds. Stop, cette fois je n'y vais plus>

On le voit alors comme un adversaire, il est pourtant notre plus fidèle allié. Aide ton corps à t'aider. Pourquoi attendre qu'il soit malade pour l'écouter ? .. Demande-lui ce qu'il ressent là, maintenant. Là est la clé. Il ne s'agit nullement d'être obsédé par son image, mais de retrouver allant et confiance.

Une psychologue américaine, *"Amy Cudy"*, a mené une série d'expériences pour étudier l'importance de la posture corporelle dans la vie professionnelle. Elle-même a longtemps souffert de ce qu'elle appelle "le syndrome de l'imposteur", celui qui ne se sent aucune légitimité, qui se protège en permanence. Elle l'oppose à la «*power posture*», la posture de la victoire, celles des candidats qui décrochent un poste face à des concurrents plus brillants mais plus effacés. « Comment peut-on vous faire confiance lorsque vous n'avez vous-même pas confiance en vous ? » interroge-t-elle.

La "*power posture*" s'acquiert. S'exercer à se tenir la tête droite, à «*devenir arbre*», Marcher la tête haute (fierté et confiance).

Cela entraîne une prise de conscience radicale du "Syndrome de l'imposteur" qui nous guette. Soigner son apparence, s'habiller, se coiffer, se parfumer, de séparer la manière de bâtir puis à renforcer la confiance en soi. Autrefois, contribuer à quelques cours d'arts martiaux m'avaient par ailleurs été fort utiles. Ils m'ont aidé à écouter cette sagesse que notre corps possède mais à laquelle nous ne savons plus nous relier.

En trouvant sa posture, en retrouvant son corps, on trouve sa place dans sa propre vie.

Préoccupons-nous de ce que nous considérons, à tort, comme des futilités : un bijou qui nous plaît, une goutte de parfum qui nous réveille, le maquillage, le rasage, la coiffure, une parure, une coquetterie, une belle chemise, une cravate, Ils sont nos peintures corporelles de guerre qui peuvent nous permettre, comme dans toutes les sociétés tribales, d'entrer dans la peau du guerrier.

>> SOIGNE TON IMAGE EN SOIGNANT TA POSTURE <<

<u>Nouvelle Chronique</u>

¤
¤¤¤¤
¤¤¤¤¤¤¤
¤¤¤¤¤¤¤¤¤¤
¤¤¤¤¤¤¤¤¤¤¤¤¤
¤¤¤¤¤¤¤¤¤¤¤¤¤¤¤¤
¤¤¤¤¤¤¤¤¤¤¤¤¤¤¤¤
¤¤¤¤¤¤¤¤¤¤¤¤¤
¤¤¤¤¤¤¤¤¤¤
¤¤¤¤¤¤¤
¤¤¤¤
¤

Si tu veux réussir, tu n'as besoin de la permission de personne. Tu as le droit de rêver de ce que tu veux, tu as le droit d'exister juste comme tu es. Et prépare toi à être critiqué, prépare toi à être moqué, prépare toi à entendre pourquoi ton rêve ou bien ton projet n'est pas possible …

Mais s'il te plaît, n'écoute pas ces gens-là, reste concentré sur ton objectif, garde en tête les raisons pour lesquelles tu as commencé le premier jour, rappelle toi ton enthousiasme du début.

Beaucoup de gens vont dire qu'ils veulent réussir, mais ils ne le veulent pas réellement, ils ne le veulent pas autant qu'ils veulent s'amuser et ils ne le veulent pas autant qu'ils veulent faire des soirées ou bien regarder la télé ou commander un tacos.

Tu dois être prêt à bosser dur si tu veux réussir. Parfois tu vas devoir passer tes soirées et tes week-ends à travailler et c'est le prêt à payer pour réaliser ton rêve. mais peu de gens sont prêts à payer ce prix, parce qu'aujourd'hui on cherche les récompenses immédiates, on cherche les gratifications instantanées .. Alors que le succès se construit petit à petit, il prend du temps et de l'énergie. mais tôt ou tard tes efforts finiront par payer. Plus ça prend du temps et plus ton succès règne .. et à chaque moment tu dois être prêt à sacrifier certaines choses dans ta vie.

Pour réaliser tes objectifs, tu dois être prêt à éliminer les activités qui ne te rapprochent pas de tes projets, tu dois être prêt à mettre fin à certaines "addictions" qui affectent ton énergie et ta santé. tu dois être prêt à mettre fin à certaines "relations" qui sont toxiques dans ta vie et tu sais mieux que moi ce qui va te rapprocher de ton rêve ! .. donc remplace et dès que possible, aujourd'hui avant demain toutes ces choses, par des habitudes qui te garde sur le droit chemin, par des fréquentations qui tire vers le haut, libère toi des ces chaînes d'esclavage moderne.

Tu dois être prêt à laisser de la place, pour faire rentrer de nouvelles choses dans ta vie, tu dois laisser de la place à des nouvelles disciplines, tu dois laisser de la place à de nouvelles informations parce que si tu penses que tu connais tous surtout, tu es condamné à

répéter les mêmes erreurs et tu ne peux pas te permettre de perdre du temps .
Parce que tu ne sais pas combien de jours il te reste sur terre, donc vis chaque jour comme si c'était le dernier, fini chaque journée avec la satisfaction d'avoir tout donné .. Ne laisse pas la peur et la procrastination te priver de ton rêve, parce que si tu ne poursuis pas ce que tu veux, tu ne leur a jamais et tu dois être prêt à sortir de ta zone de confort.

Tant que tu es confortable là où tu es, tu n'auras aucune raison de changer .. tu dois t'en durcir un peu. On est devenus trop soft, disons les choses comme elles sont, regardons la réalité en face. La plupart des gens abandonnent dès la première difficulté.

Si tu passes ta vie à éviter les choses difficiles, crois moi que ta vie sera difficile .. parce que la difficulté fait partie du *"game"*. c'est juste un test qui filtre ceux qui veulent vraiment réussir des autres. c'est à toi donc de choisir ton camp .. ces difficultés sont là pour te faire progresser et si tu es assez fort pour résister, si tu es assez endurant pour continuer à t'accrocher et si tu persistes, ces difficultés passent pour laisser place à

quelque chose d'extraordinaire dans ta vie
présente
et future.

Mais le problème aujourd'hui, c'est que la majorité des gens sont trop confortables là où ils sont. Peut-être que leur situation ne leur plaît pas mais ils sont trop confortables pour changer.

Un sage a dit un jour : beaucoup de gens préfèrent rester dans un enfer connu que de tenter d'aller dans un paradis incertain.

Si tu es là où tu es aujourd'hui, c'est grâce ou à cause des décisions que tu as prises dans le passé. Si tu es là où tu es aujourd'hui c'est grâce ou à cause de tes actions dans le passé .. mais ça, peu de personnes veulent l'admettre et je sais que si tu lis ce petit livre, c'est que tu es prêt à changer, tu es prêt à t'améliorer, tu es prêt à reprendre ta vie en main et voici ce que je te suggère si tu passes par des moments difficiles en ce moment.

>>> _____ *Continue à Avancer* _____ <<<

"winston churchill" disait : Si tu traverses l'enfer surtout continue à avancer, continue à

prendre des actions. *Garde en "visu" ton objectif et rappelle toi pourquoi tu as commencé le premier jour, rappelle toi pourquoi tu fais ce que tu fais.*

Pour finir ce petit livre tout modeste, et pour clôturer ces chroniques en beauté, laisse-moi mon cher lecteur (maintenant qu'on est potes (*ou pas* ^^) ... te raconter une jolie histoire que tu pourrais raconter à ta copine, et peut être que t'auras droit à un bisou *(ou pas) ...*

Il était donc une fois, une princesse aussi belle que la palestinienne "*Bella Hadid*" fille de "*Mohamed & Yolanda Hadid*" ... bon bah, chacun ses références.. OK ?! ... bref ! .. lol

Cette princesse jouait donc, dans son jardin, à la lisière de la forêt. Elle s'amusait à lancer sa balle d'or et à la rattraper quand celle-ci lui échappa, tombant dans une fontaine si profonde qu'on n'en voyait pas le fond. Un crapaud, troublé dans son sommeil, en émerge, vit la princesse en pleurs et lui proposa un marché: il lui rapporterait sa balle si, en échange, elle acceptait de devenir son amie, de l'inviter au château et de lui permettre de manger dans son assiette et de dormir dans son lit. (*Drôle de rencontre et drôle de marché*) ... La princesse consentit, se promettant de s'enfuir bien vite dès qu'elle récupérerait sa balle. C'est ce qu'elle fait.

Le lendemain, la princesse était à table et mangeait dans son assiette d'or quand elle entendit du bruit derrière la porte. c'était le crapaud qui demandait son dû. Effrayée, elle ne voulut pas le laisser entrer mais son père, le roi, la força à tenir sa promesse. Le crapaud se mit à table et mangea dans son assiette. Une fois repu, il demanda à dormir dans son lit. Sa laideur était repoussante, mais sa gentillesse eut raison de la princesse. Au moment de s'endormir, elle déposa un baiser sur sa tête de crapaud. Un baiser qui rompt le sort lancé par une horrible sorcière. Le crapaud se transforme sous ses yeux en un prince charmant. Ils se marièrent et eurent beaucoup d'enfants...*(ou pas ^^)*

Ce conte de "*Grimm recèle*", comme la plupart des contes et légendes, une belle leçon de philosophie et de vie. Nous voudrions, comme la princesse, ne jouer qu'avec des balles d'or et prendre la fuite quand apparaît un crapaud. Ces balles sont le monde parfait de notre enfance idéalisée. Il nous faut pourtant accepter de laisser ce joli souvenir derrière nous, ne pas nous laisser enfermer dans ses filets, consentir à avancer.

Certes, la vraie vie, loin de la balle d'or et hors du château, regorge de surprises et de crapauds (les emmerdes, les complications, les manquements, ...) qui nous poursuivent, et plus encore, les épreuves peu plaisantes, les sorties de route qui nous font peur, l'inconnu qui nous angoisse. Nous souhaiterions les éviter parce qu'ils nous remettent en question. Mais, en même temps, ils nous réveillent de notre torpeur. Ils nous apprennent à grandir.

Notre fuite est vaine. Nous sommes l'autruche qui se cache la tête dans le sable, en espérant que les emmerdes passeront leur chemin sans nous voir. J'évite l'extrémité du couloir, là où se trouve le bureau de mon directeur qui me cherche noise. Je suis aveugle au comportement de mon enfant qui s'enferme dans sa chambre et ne communique plus avec personne. Je n'appelle pas ma mère pour ne pas l'entendre me raconter sa solitude. Je fais semblant de ne pas entendre les gémissements de ma voiture, au risque de l'accident.

Grandir, c'est laisser tomber la balle d'or pour rencontrer les autres. Dire bonjour au monde, à la vie ... >> *Sans crapaud, il n y a pas de Bisou, et pas de bisou, pas de Prince* << .

¤
¤¤¤¤
¤¤¤¤¤¤¤
¤¤¤¤¤¤¤¤¤¤
¤¤¤¤¤¤¤¤¤¤¤¤¤
¤¤¤¤¤¤¤¤¤¤¤¤¤¤¤¤
¤¤¤¤¤¤¤¤¤¤¤¤¤¤¤¤
¤¤¤¤¤¤¤¤¤¤¤¤¤
¤¤¤¤¤¤¤¤¤¤
¤¤¤¤¤¤¤
¤¤¤¤
¤

> Exige beaucoup de toi-même et attend peu des autres, ainsi beaucoup d'ennuis te seront épargnés.

> Il faut commencer par se corriger soi-même avant de vouloir corriger les hommes.

> Choisis un travail que tu aimes et tu n'auras pas à travailler un seul jour de ta vie.

> Agi avec gentillesse, politesse et douceur, mais n'attend pas de la reconnaissance.

> On a deux vies et la deuxième commence quand on se rend compte qu'on en a qu'une.

Trois sortes d'amis sont utiles, et trois sortes d'amis sont néfastes.
> Les utiles : un ami droit, un ami fidèle et un ami cultivé.
> Les néfastes : un ami faux, un ami menteur et un ami bavard.

> Le silence est un ami qui ne trahit jamais, le silence c'est un art que peu de gens savent maîtriser, le silence est un signe de sagesse et de savoir, le silence est le plus beau des mystères, il faudra 2 ans pour apprendre à parler, mais toute une vie pour apprendre à se taire.

> "La satisfaction" de ce que Dieu nous donne (*le contentement*), apporte le bonheur même dans la pauvreté .. le mécontentement apporte la pauvreté même dans la richesse.

> Notre plus grande gloire n'est pas de tomber mais de savoir nous relever chaque fois que nous tombons.

> Tous les hommes pensent que le bonheur se trouve au sommet de la montagne, alors qu'il réside tout simplement dans la façon de la gravir.

> Nulle pierre ne peut être poli sans friction, nul homme ne peut parfaire son expérience sans épreuve.

> Les montagnes sont faites de petites pierres toutes minuscules (cailloux), néglige donc aucune .. aucune petite action.

> Tes promesses sont des dettes, réfléchis donc bien avant de donner ta parole.

> Fais tes projets et tais-toi, avance en silence et ne divulgue pas trop ta vie.

> Personne ne passe dans ta vie par hasard, Chacun à un rôle. on va te tester, on va t'utiliser, on va t'aimer, on va t'enseigner, … et tu sais pourquoi ? .. C'est pour que tu puisses ressortir le meilleur de toi-même.

> Ne te laisse jamais contrôler par 3 choses : les gens, l'argent et le passé.

> Ne t'inquiète pas si les gens ne t'aiment pas, la plupart ne s'aiment pas eux mêmes .

> Comme c'est beau de rester silencieux face à celui qui veut ta colère, et comme c'est beau de sourire face à celui qui veut te voir pleurer.

> Sois comme un enfant, sincère, spontané, joyeux, sans rancune, sans vice et surtout vis l'instant.

> Ne parle pas trop de toi, évite les : je sais, je connais, j'ai étudié, j'ai fait, c'est grâce à moi, je suis fort, je suis beau, je suis riche, ...

(Tu n'es qu'une petite goûte de sperme, faible et fragile)

J'ai 30 ans, bientôt 40, je suis un *Rebeu* (avec toutes les galères qui vont avec) ^^ .. et ce livre je l'ai écrit d'abord pour moi. Je suis le premier concerné par le contenu de ce livre, et j'avais donc besoin d'un coup de pouce pour me remettre en question.

C'est ma 6éme publication chez mon éditeur allemand *"BOD"* .. j'empoche 3€ par livre, nous sommes le 01/03/2022 et ma fortune actuelle s'élève à 200€. je suis au chômage depuis 2 mois, Mais pas de panique, *"LIDL"* viennent de m'appeler pour me proposer un post de : manager, superviseur, responsable, président directeur général, caissier, gardien, technicien de surface, psychologue, agent de sécurité, vétérinaire et bien évidement le "Smic" est la meilleure des récompenses ^^

Un grand Merci à moi même, Merci à vous de m'avoir supporté durant ces 96 pages, Merci à ma machine *Nespresso* (sans elle je n'aurai pas pu tenir), Merci à la vie, Merci la France, Merci à mon dentiste , merci les chats, les fous, les Avions, les schizophrènes, les arbres, les bouddhistes, et tous les autres, ...

Au fait, moi c'est*(Ali) ... et c'est tout pour moi.*

FIN

¤
¤¤¤¤
¤¤¤¤¤¤¤
¤¤¤¤¤¤¤¤¤¤
¤¤¤¤¤¤¤¤¤¤¤¤¤
¤¤¤¤¤¤¤¤¤¤¤¤¤¤¤¤
¤¤¤¤¤¤¤¤¤¤¤¤¤¤¤¤
¤¤¤¤¤¤¤¤¤¤¤¤¤
¤¤¤¤¤¤¤¤¤¤
¤¤¤¤¤¤¤
¤¤¤¤
¤